since 1890
受験研究社

できたよシール

● よくできたとき，よく頑張《がんば》ったときは，シールを貼《は》りましょう。

JN017175

Ⓔ

LESSON 1

かん字を よもう
一・二・三

シール

せいかい 7もん中
もん
ごうかく 6もん

① ほしが 一つ。［　　］

② 一年生《ねんせい》に なる。［　　］

③ 二つ目《め》の きょうしつ。［　　］

④ まえから 二ばん目。［　　］

⑤ 三つの くに。［　　］

⑥ 三日月《かづき》の え。［　　］

⑦ まると 三かく。［　　］

チェックポイント

「一」「二」「三」は、かずを かぞえる ぼうを ならべた もの から できた かん字《じ》です。

一　━
二　═
三　≡

こたえは75ページ

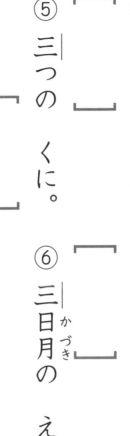

LESSON 2

かん字をかこう

＊（　）は おくりがなも かきましょう。

シール

せいかい 6もん中	月 日
もん ごうかく 5もん	

① なかよし □《さん》人《にん》ぐみ。

② 花《はな》が （　）《ふたつ》 さいて いる。

③ □《みっ》日《か》かん くすりを のむ。

④ かけっこで □《いち》ばんに なる。

⑤ あと □《に》ふんで おわる。

⑥ （　）《ひとつ》目《め》の かどを まがる。

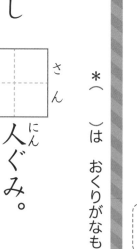

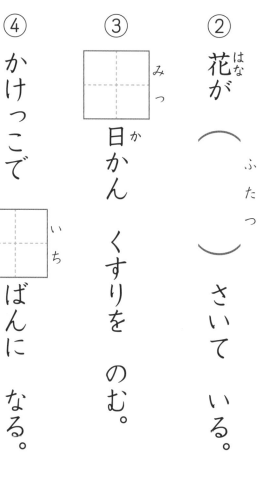

かん字を よもう 四・五・六

シール

せいかい 8もん中　もん　ごうかく 6もん

①パンが 四つ。［　　］

②ももが 四こ。［　　］

③四かくい はこ。［　　］

④ボールが 五つ ある。［　　］

⑤五本《ほん》の 木《き》。［　　］

⑥くりが 六つ。［　　］

⑦十月《じゅうがつ》六日《か》。［　　］

⑧六人《にん》の 先生《せんせい》。［　　］

チェックポイント

「四」と「五」の まげる ところに ちゅういしましょう。

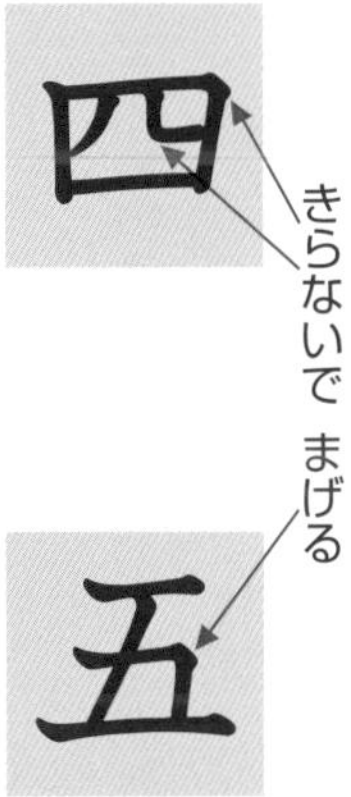

こたえは75ページ

LESSON 4

かん字をかこう

シール

せいかい 6もん中

もん　ごうかく5もん

月　日

①　□《よ》年生《ねんせい》の　おねえさん。

②　ケーキを（　　）《むっつ》に　きる。

③　二月《にがつ》□《いつ》日《か》は　たんじょう日《び》だ。

④　□《ろく》月は　雨《あめ》の　きせつ。

⑤　かん字《じ》を□《ご》かいずつ　かく。

⑥　ふねで□《し》こくに　いく。

LESSON 5

かん字をよもう

七・八・九

シール

せいかい 8もん中 もん ごうかく6もん

① 三月七日《さんがつなのか》。［　　］

② 七人《にん》の小人《こびと》。［　　］

③ 八つの石《いし》。［　　］

④ 二月八日《か》。［　　］

⑤ 八月はなつ休《やす》みだ。［　　］

⑥ りんごが九つある。［　　］

⑦ 九本《ほん》の木《き》。［　　］

⑧ 九月になる。［　　］

チェックポイント

「七」と「九」の ひつじゅんに ちゅういしましょう。

2かく目
1かく目《め》
七

1かく目
2かく目
九

こたえは75ページ

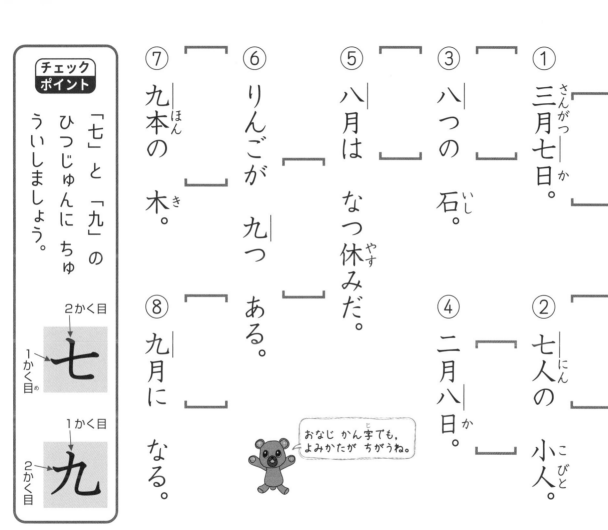

LESSON 6

かん字をかこう

シール

せいかい
6もん中

もん／ごうかく 5もん

月　日

①
四《し》月《がつ》□《ここの》日《か》は　日《にち》よう日《び》だ。

②
（　　）《やっつ》目《め》の　えきで　おりる。

③
□《なな》さいの　おいわいを　する。

④
ねずみが　□《きゅう》ひき　いる。

⑤
□□□《しちごさん》の　おまいり。

⑥
コップを　□《はち》こ　よういする。

かん字《じ》をよもう 十・百・千

シール

せいかい 7もん中 もん ごうかく 6もん

①きょうは 四《し》月《がつ》十日《か》だ。［　　］

②十字《じ》ろに［　　］ 立《た》つ。

③十人《にん》十いろ［　　］

④十さいの［　　］ おにいさん。

⑤百円《えん》の［　　］ ノート。

⑥千よがみ。［　　］

⑦千円で［　　］ かう。

チェックポイント

「百」と「千」の よこぼうの ながさに ちゅういしましょう。

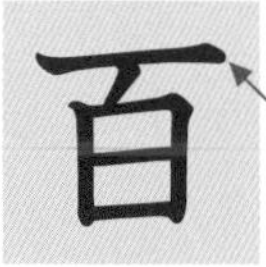

こたえは75ページ

LESSON 8

かん字をかこう

シール

せいかい
6もん中　もん　ごうかく5もん

月　日

①　□《ひゃく》ページの　本《ほん》。

②　□《じゅう》じに　こうえんへ　いく。

③　きみが　いれば　□《せん》人力《にんりき》だ。

④　□《とお》まで　かぞえる。

⑤　みんなで　□《せん》ばづるを　おる。

⑥　□《ひゃく》ばいに　ふくらむ。

LESSON 9

まとめテスト ①

シール

せいかい
10もん中

もん　ごうかく 8もん

1 つぎの ――の よみかたを かきましょう。

① あめが 二つと ガムが 四つ。

［　　］［　　］

② 三つ子《ご》を ふくむ 七人《にん》かぞく。

［　　］［　　］

③ 九かいの 一ごうしつ。

［　　］［　　］

2 つぎの かん字《じ》を かきましょう。

① ［ごせん］円《えん》の ようふく。

② りんごを （むっつ） かう。

③ ［はち］じ ［じっ］ぷんに つく。

こたえは75ページ

LESSON 10

まとめテスト ②

シール

せいかい 10もん中

もん　ごうかく《》8もん

月　日

1 つぎの ——の よみかたを かきましょう。

① 百円《えん》玉《だま》を 二まい 出《だ》す。

［　　］［　　］

② みかんが 八つと かきが 五つ。

［　　］［　　］

③ 十人中《にんちゅう》、まえから 七ばん目《め》。

［　　］［　　］

2 つぎの かん字《じ》を かきましょう。

① □《さん》じの おやつ。

② 日本《にっぽん》には □《し》きが ある。

③ □《ここの》日《か》は □《ろく》人が 休《やす》んだ。

LESSON 11

かん字をよもう

小・大・力

シール

せいかい8もん中

もん　ごうかく6もん

① 小さい　車《くるま》。

② 小がたの　犬《いぬ》。

③ 町《まち》の　小学《がっ》校《こう》。

④ 大きな　石《いし》。

⑤ 大すきな　え本《ほん》。

⑥ 力を　こめる。

⑦ きおく力。

⑧ 人《じん》力で　はこぶ。

チェックポイント

「小」と「大」は、はんたいの いみの かん字《じ》です。

小

↕

大

こたえは75ページ

かん字をかこう

シール

せいかい 6もん中 もん ごうかく 5もん 月 日

① □《たい》せつな ともだち。

② □《しょう》テストの プリント。

③ □《ちから》が なくて もち上《あ》がらない。

④ □《こ》人《びと》が 出《で》て くる ものがたり。

⑤ （　　）《おおきい》 こえで よぶ。

⑥ ど□《りょく》すれば できる。

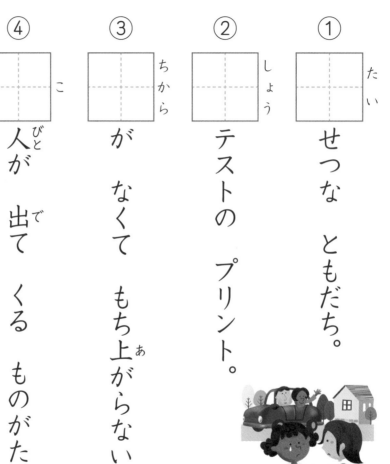

かん字を よもう

上・中・下

シール

せいかい 8もん中

もん ごうかく 6もん

① 上を むく。

② ち上に 出《で》る。

③ いえの 中で あそぶ。

④ 町《まち》の 中しんち。

⑤ 木《き》の 下。

⑥ まくが 下りる。

⑦ ながい ろう下。

⑧ 下校《こう》の じかん。

チェック ポイント

「上」と「下」は、上と 下を あらわす しるしから できた かん字《じ》です。

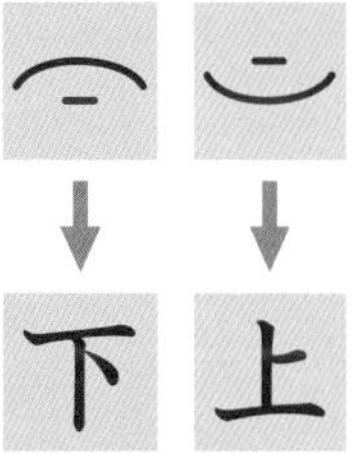

こたえは 75ページ

LESSON 14

かん字をかこう

シール

せいかい 6もん中　もん　ごうかく 5もん

月　日

① 学校《がっこう》の □《なか》にわ。

② あたまを　まっすぐ　（　）《あげる》。

③ ふねで　川《かわ》を　（　）《くだる》。

④ テーブルの　□《ちゅう》おうに　おく。

⑤ さかを　（　）《のぼる》。

⑥ ねだんを　（　）《さげる》。

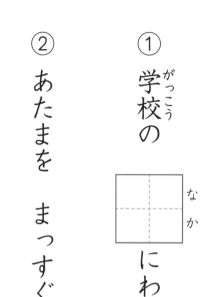

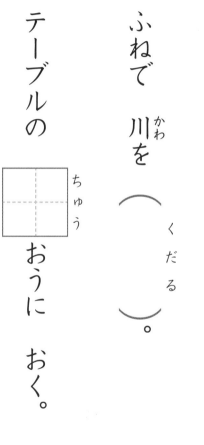

かん字を よもう　子・人・入

シール

せいかい 7もん中　もん／ごうかく 6もん

① 白《しろ》い 子ねこ。［　　］

② 男《だん》子トイレ。［　　］

③ たくさんの 人たち。［　　］

④ 五人の グループ。［　　］

⑤ おもちゃを はこに 入れる。［　　］

⑥ へやに 入る。［　　］

⑦ 入学《がく》しき。［　　］

チェックポイント

「人」と「入」の かきかたに ちゅういしましょう。

1かく目《め》が ながい

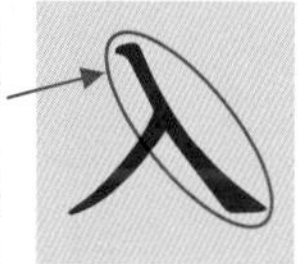

2かく目が ながい

こたえは76ページ

LESSON 16

かん字をかこう

シール

せいかい 6もん中 もん ごうかく5もん 月 日

① うちゅう□《じん》の えいが。

② □《こ》どもと おとな。

③ クッキーを はこに （　　）《いれる》。

④ こうえんに □《ひと》が あつまる。

⑤ となりの クラスの 女《じょ》□《し》。

⑥ おとうとの □《にゅう》えんしき。

まとめテスト ③

シール

せいかい 10もん中 もん ごうかく 8もん

1 つぎの ――の よみかたを かきましょう。

① 小学校《がっこう》の 上ばきを あらう。
［　　］［　　］

② 中ぐらいの 大きさ。
［　　］［　　］

③ 力いっぱい もち上げる。
［　　］［　　］

2 つぎの かん字《じ》を かきましょう。

① 白《はく》ばに のった 王《おう》□《じ》さま。

② □《した》に 名《な》まえを かく。

③ □□《はちにん》が □《にゅう》じょうする。

こたえは76ページ

LESSON 18

まとめテスト ④

シール

せいかい10もん中

ごうかく8もん　もん

月　日

1 つぎの ——の よみかたを かきましょう。

① 大じな 人に あう。

［　　］［　　］

② ち下二かいの みせに 入る。

［　　］［　　］

③ アメリカ人の おや子。

［　　］［　　］

2 つぎの かん字《じ》を かきましょう。

① 川《かわ》の □《なか》の （　　　）《ちいさい》 石《いし》。

② 水《すい》□《りょく》で でん気《き》を おこす。

③ おく□《じょう》に 出《で》る。

LESSON 19

かん字を よもう

山・川・日

シール

せいかい 7もん中

もん　ごうかく 6もん

① たかい 山。
［　　　］

② ふじ山の え。
［　　　］

③ きれいな 川で およぐ。
［　　　］

④ 日づけを かく。
［　　　］

⑤ 三日ぼうず
［　　　］

⑥ 休《きゅう》日に なる。
［　　　］

⑦ まい日 雨《あめ》が ふる。
［　　　］

チェックポイント

「山」と「川」は、山と 川の かたちから できた かん字《じ》です。

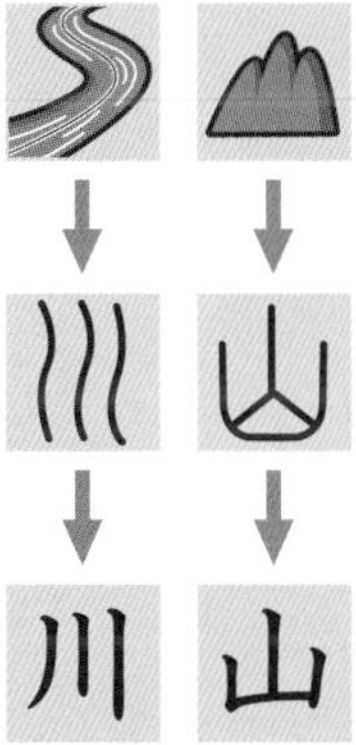

こたえは76ページ

LESSON 20

かん字をかこう

①　□《かわ》ぞいを　あるく。

②　けわしい　□《やま》みち。

③　え□《にっ》きの　しゅくだい。

④　□《さん》みゃくが　つらなる。

⑤　一しゅうかんは　□□《なのか》だ。

⑥　□□《かわしも》へ　ながれる。

②と④は，ひつじゅんにも
ちゅういしよう。

シール

せいかい
6もん中

もん　ごうかく 5もん

月　日

かん字を よもう 月・火・水

シール

せいかい 7もん中

もん ごうかく 6もん

① 月と ほし。［　　］

② 七月の 空《そら》。［　　］

③ 大きな まん月。［　　］

④ 火を けす。［　　］

⑤ 火ようの ごご。［　　］

⑥ 水あそびを する。［　　］

⑦ 水えいきょうしつに かよう。［　　］

チェックポイント

「水」は、ながれる 水の ようすを あらわした かん字《じ》です。

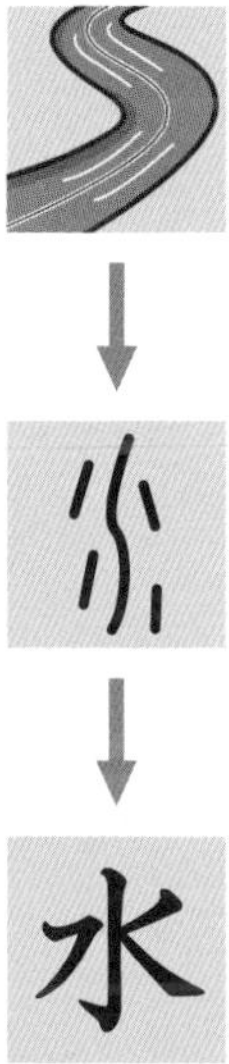

こたえは76ページ

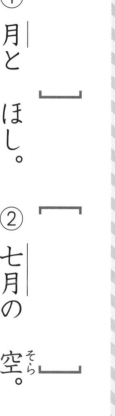

LESSON 22

かん字をかこう

シール

せいかい
6もん中

もん／ごうかく5もん

月　日

①大きな□《すい》車《しゃ》が　まわる。

②たき□《び》が　赤《あか》く　もえる。

③きれいな□《つき》が　見《み》える。

④すきとおった□《みず》。

⑤□《か》□《ざん》から　けむりが　出《で》る。

⑥□《く》□《がつ》から　二《に》学《がっ》きだ。

かん字を よもう
木・金・土

シール

せいかい 8もん中

もん　ごうかく6もん

① さくらの 木。［　　］

② 赤《あか》い 木のは。［　　］

③ 木よう日。［　　］

④ お金を はらう。［　　］

⑤ 金いろの おりがみ。［　　］

⑥ 土の 山を つくる。［　　］

⑦ 土木こうじ。［　　］

⑧ ひろい 土ち。［　　］

チェックポイント

「土」は、上下の よこぼうの ながさに ちゅういしましょう。

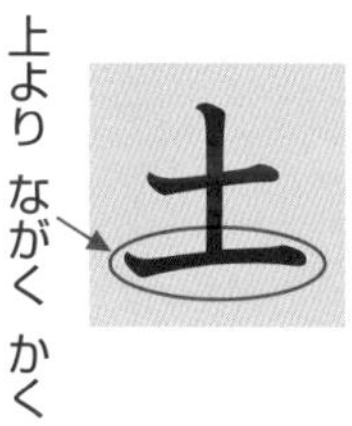

こたえは76ページ

LESSON 24

かん字をかこう

シール

せいかい
6もん中 　もん
ごうかく5もん
月 　日

① ざい□《もく》を　きる。

② ズボンの□《つち》を　はらう。

③ オリンピックの□《きん》メダル。

④ ねん□《ど》ざいくを　つくる。

⑤ いちょうの□《こ》立《だ》ち。

⑥ □《かな》づちで　たたく。

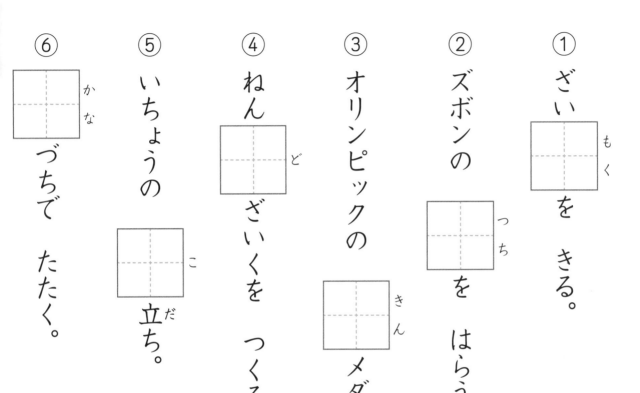

LESSON 25

まとめテスト ⑤

シール

せいかい
10もん中
もん ごうかく 8もん

1 つぎの ——の よみかたを かきましょう。

① 山の むこうに 月が のぼる。
［　　］［　　］

② 水とうを まい日 もって いく。
［　　］［　　］

③ 先《せん》月、ちかくの 川へ いった。
［　　］［　　］

2 つぎの かん字《じ》を かきましょう。

① □□《かりょく》の つよい コンロ。

② □《きん》せいと □《ど》せい。

③ □《こ》かげで すずむ。

こたえは76ページ

LESSON 26

まとめテスト ⑥

シール

せいかい
10もん中
もん　ごうかく8もん
月　日

1 つぎの ―― の よみかたを かきましょう。

① 木ぎれに 火を つける。
［　］［　］

② 三日ごに 土から めを 出《だ》す。
［　］［　］

③ ざい木に 金ぐを とりつける。
［　］［　］

2 つぎの かん字《じ》を かきましょう。

① □《かわ》 の □《みず》 が つめたい。

② アルプス □《さん》 みゃく。

③ □□《ろくがつ》 は 雨《あめ》が おおい。

かん字を よもう

目・口・耳

シール

せいかい 7もん中

もん／ごうかく 6もん

① 目の けんさ。［　　］

② 本の 目じ。［　　］

③ 口に 入れる。［　　］

④ はやい 口ちょう。［　　］

⑤ 人口が ふえる。［　　］

⑥ 耳を すませて みよう。［　　］

⑦ 右耳が かゆい。［　　］

どれも、からだの
ぶぶんを あらわす
かん字だね。

チェックポイント

「目」と 「耳」は、目と 耳の かたちから できた かん字《じ》です。

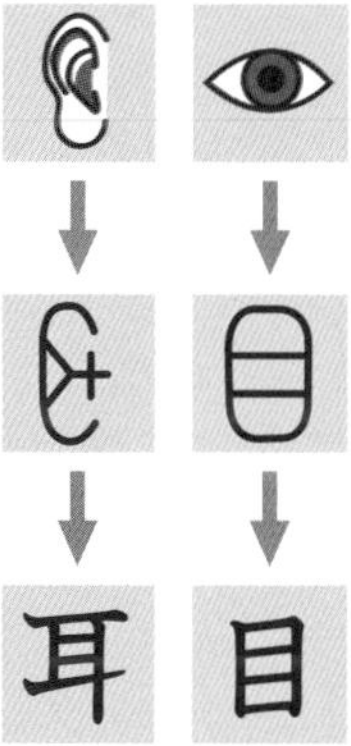

こたえは77ページ

LESSON 28

かん字をかこう

シール

せいかい 6もん中 もん ごうかく 5もん 月 日

① □《もく》てきまで もう すぐだ。

② そんな はなしは はつ□《みみ》だ。

③ ビンの □《くち》を あける。

④ じぶんの □《みみ》で きく。

⑤ □《め》立《だ》つ いろの ぼうし。

⑥ ふんかした 山の □□《かこう》。

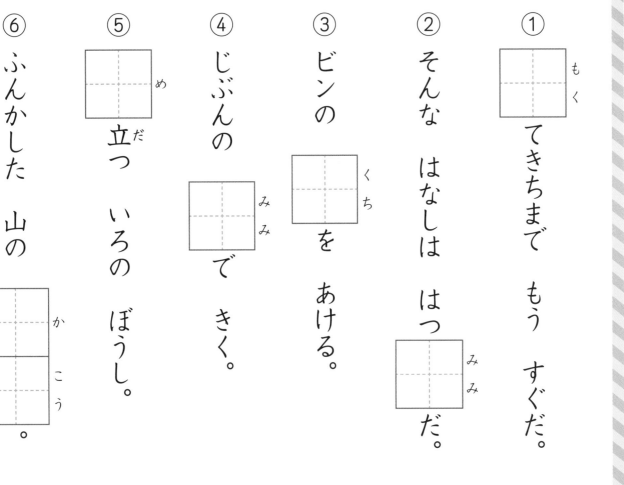

かん字をよもう　手・足・生

シール

せいかい8もん中　もん　ごうかく6もん

① 手をのばす。

② サッカーせん手。

③ 足をのばす。

④ 水を足す。

⑤ あきのえん足。

⑥ 子どもが生まれる。

⑦ 草《くさ》が生える。

⑧ 学校《がっこう》の生かつ。

チェックポイント

「生」は、土から草が生えたかたちからできたかん字《じ》です。

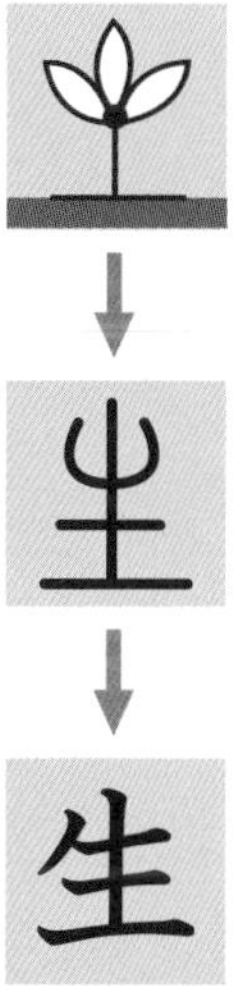

こたえは77ページ

LESSON 30

かん字をかこう

シール

せいかい 6もん中

月 日

もん ごうかく 5もん

①□□《てあし》が のびる。

②なが（　　）《いき》を する。

③ざせきの かずが（　　）《たりない》。

④はく□《しゅ》で むかえる。

⑤いもうとの たん□《じょう》を いわう。

⑥□□《にそく》の くつ下。

LESSON 31

かん字を よもう

右・左・円

シール

せいかい 7もん中

もん ごうかく 6もん

① 右を 見《み》る。 [　　]

② 右せつする。 [　　]

③ 左の はたを あげる。 [　　]

④ くつを 右左 はんたいに はく。 [　　] [　　]

⑤ 左右を たしかめる。 [　　]

⑥ 円い まど。 [　　]

⑦ 一円玉《だま》を 出《だ》す。 [　　]

チェックポイント

「右」と 「左」の ひつじゅんに ちゅうい しましょう。

こたえは77ページ

LESSON 32

かん字をかこう

シール

せいかい 6もん中

もん／ごうかく 5もん

月　日

① きれいな □《えん》を えがく。

② かおを □《みぎ》に むける。

③ □《ひだり》がわの れつに ならぶ。

④ □《う》がんに ふねを つける。

⑤ しんごうを □《さ》せつする。

⑥ （　　）《まるく》 わに なる。

まとめテスト ⑦

1 つぎの ――の よみかたを かきましょう。

① 耳の よい か手。
［　　］［　　］

② 目ひょうに 一生けんめいだ。
［　　］［　　］

③ 生水を ほとんど 口に しない。
［　　］［　　］

2 つぎの かん字《じ》を かきましょう。

① □□《さゆう》を たしかめる。

② □《あし》で □《えん》を かく。

③ どうろを □《う》せつする。

シール

せいかい 10もん中
もん
ごうかく 8もん

こたえは77ページ

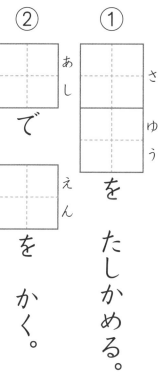

LESSON 34

まとめテスト ⑧

シール

せいかい 10もん中

月　日

もん　ごうかく 8もん

1 つぎの ―の よみかたを かきましょう。

① 右がわと 左がわに わかれる。

［　　］［　　］

② 円い もようが 目じるしだ。

［　　］［　　］

③ くつ下は 一足で 足りる。

［　　］［　　］

2 つぎの かん字《じ》を かきましょう。

① □《みみ》たぶを さわる。

② 町《まち》の □□《じんこう》が ふえる。

③ 先《せん》□《せい》の お□《て》本《ほん》を 見《み》る。

LESSON 35

かん字を よもう

犬・虫・貝

シール

せいかい 7もん中 もん ごうかく 6もん

① くろい 子犬。［　］

② 犬を だく。［　］

③ あい犬を かわいがる。［　］

④ 虫を とる。［　］

⑤ 小さな 虫。［　］

⑥ ちょうの よう虫。［　］

⑦ うみで 貝がらを ひろう。［　］

チェック ポイント

「犬」は、犬の かたちから できた かん字《じ》です。

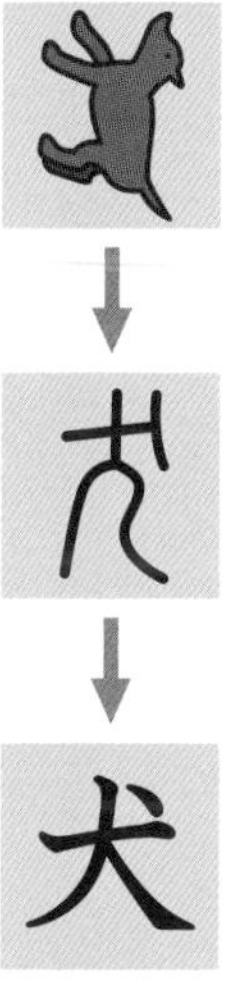

こたえは77ページ

LESSON 36

かん字をかこう

シール

せいかい 6もん中　もん　ごうかく 5もん

月　日

① まき□《がい》を 見《み》つける。

② 木の えだに け□《むし》が いる。

③ じんじゃの こま□《いぬ》。

④ こん□《ちゅう》さいしゅう。

⑤ □《かい》で くびかざりを つくる。

⑥ けいさつ□《けん》の かつやく。

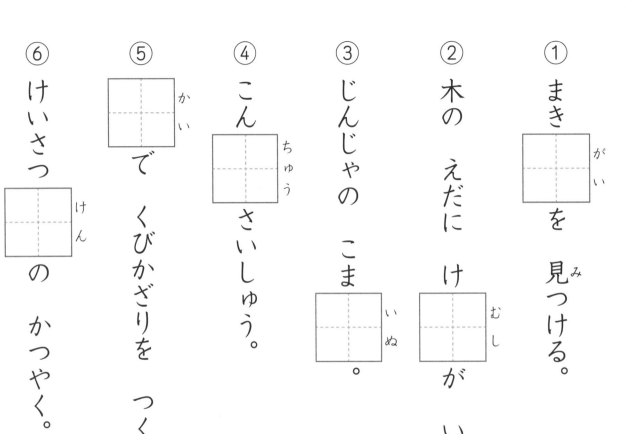

かん字を よもう　草・花・竹

シール

せいかい 7もん中
もん　ごうかく 6もん

① にわの 草を ぬく。［　　］

② 草げんを かけぬける。［　　］

③ 赤《あか》い 花。［　　］

④ 草花を うえる。［　　］

⑤ 花だんの せわ。［　　］

⑥ 竹とんぼ。［　　］

⑦ 竹林《りん》の 中。［　　］

チェックポイント

「くさかんむり」は、草 花に かんけいが ある ことを あらわします。

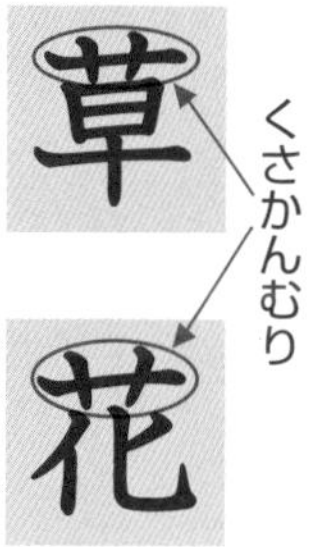

こたえは77ページ

LESSON

38

かん字をかこう

シール

せいかい
6もん中

もん　ごうかく《ごうかく》 5もん

月　日

①□《たけ》うまに　のって　あそぶ。

②青々《あおあお》と　した　ぼく□《そう》。

③はちが　□《か》ふんを　はこぶ。

④うしが　□《くさ》を　たべる。

⑤□《はな》□《び》を　する。

⑥ばく□《ちく》の　大きな　音《おと》。

LESSON 39

かん字を よもう

天・田・石

シール

せいかい 7もん中　もん／ごうかく 6もん

① 天の川を 見《み》る。

② 天まで とどけ。

③ 田うえを する。

④ 水田に 水を はる。

⑤ 川で 石を ひろう。

⑥ 白《しろ》い がん石。

⑦ じ石に つく。

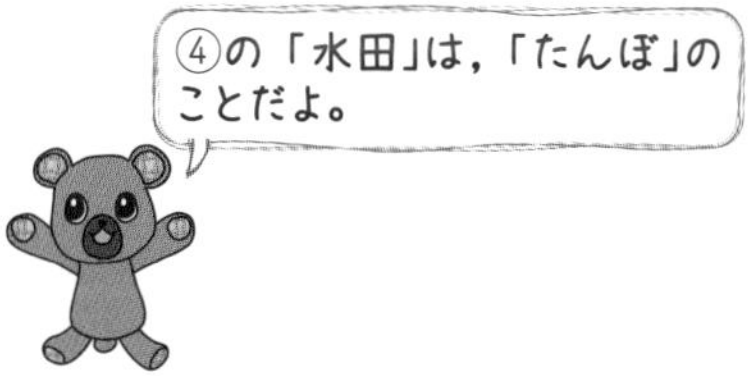
④の「水田」は，「たんぼ」のことだよ。

チェックポイント

「天」と「石」の かきかたに ちゅうい しましょう。

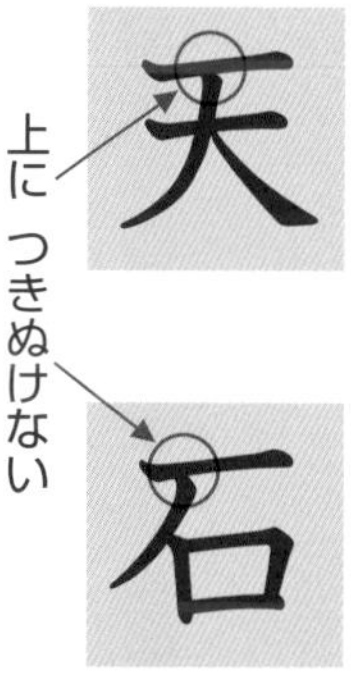
天
石
上に つきぬけない

こたえは78ページ

LESSON 40

かん字をかこう

シール

せいかい
6もん中

もん／ごうかく5もん

月　日

① □《た》んぼを　たがやす。

② 川で　□《こ》□《いし》を　ひろう。

③ □《てん》ごくと　じごく。

④ □《でん》えんの　のどかな　けしき。

⑤ きれいな　□《あま》の川。

⑥ きらきらと　ひかる　ほう□《せき》。

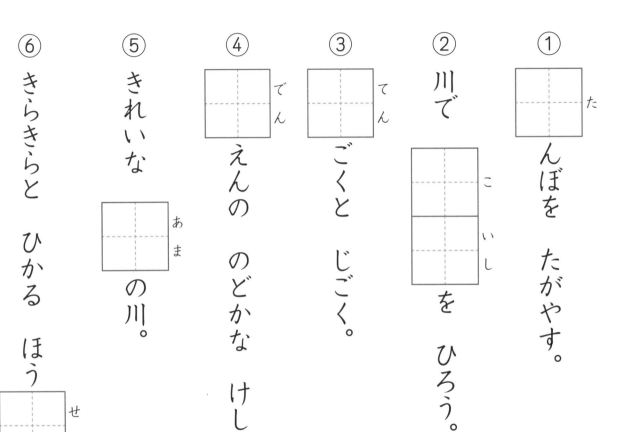

まとめテスト ⑨

シール

せいかい
10もん中
もん　ごうかく 8もん

1 つぎの ――の よみかたを かきましょう。

① 竹かごに 生花を かざる。
[　　] [　　]

② 犬が しっぽで 虫を はらう。
[　　] [　　]

③ 草げんで こん虫を つかまえる。
[　　] [　　]

2 つぎの かん字《じ》を かきましょう。

① □□《すいでん》が ひろがる。

② □《かい》の か□《せき》を ひろう。

③ □《あま》の川の おはなし。

こたえは78ページ

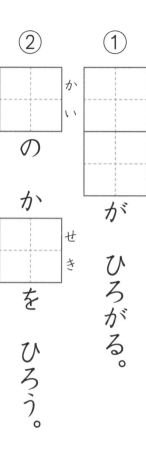

LESSON 42

まとめテスト ⑩

シール

せいかい
10もん中　もん　ごうかく 8もん　月　日

1 つぎの ―の よみかたを かきましょう。

① 天たいの いちを じ石で しる。

［　　］　［　　］

② 竹林《りん》で や犬が ほえる。

［　　］　［　　］

③ まるい 石と きれいな 貝。

［　　］　［　　］

2 つぎの かん字《じ》を かきましょう。

① □《くさ》ぶえや □《はな》かんむり。

② □《むし》かごを かたから さげる。

③ □《た》んぼに 水を 入れる。

LESSON 43

かん字を よもう

王・玉・正

シール

せいかい 7もん中

もん　ごうかく 6もん

①［　　　］
王さまの おしろ。

②［　　　］
水玉もよう。

③［　　　］
玉ざに すわる。

④［　　　］
正しく よむ。

⑤［　　　］
正ゆめに なる。

⑥［　　　］
正じきに はなす。

⑦［　　　］
クイズに 正かいする。

チェックポイント

「正」の ひつじゅんに ちゅういしましょう。

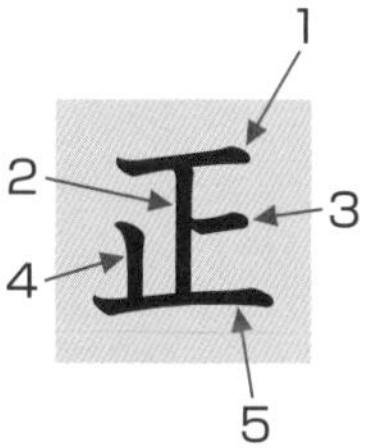

「正」は 五かくで かくので、かずを かぞえるのに つかう ことが あります。

こたえは78ページ

LESSON 44

かん字をかこう

①大きな□《たま》を ころがす。

②クイズ□《おう》に あこがれる。

③しせいを（　　）《ただす》。

④すてきな□□《おうじ》さま。

⑤くりくりした□□《めだま》。

⑥お□□《しょうがつ》の したく。

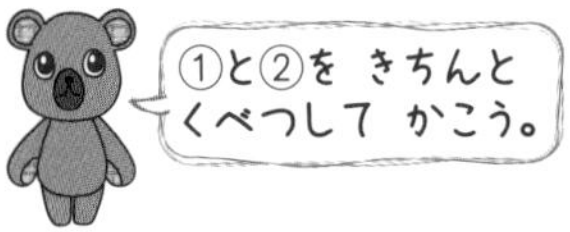

シール

せいかい 6もん中

もん ごうかく5もん

月 日

かん字を よもう

文・字・名

シール

せいかい 7もん中 もん ごうかく 6もん

① さく文をかく。［　　］

② 天文だい。［　　］

③ 四字の ことば。［　　］

④ かん字を かこう。［　　］

⑤ 名まえを きく。［　　］

⑥ ゆう名な 人。［　　］

⑦ 大名の おやしき。［　　］

チェックポイント

「文」の はらう ぶぶんの ひつじゅんに ちゅういしましょう。

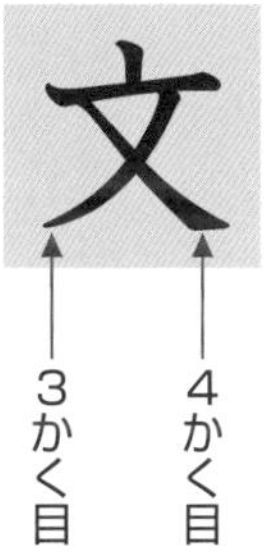

こたえは78ページ

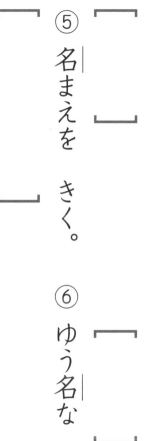

LESSON 46

かん字をかこう

シール

せいかい
6もん中

もん／ごうかく5もん

月　日

① □《じ》を　きれいに　かく。

② □《ぶん》学《がく》さくひんを　よむ。

③ □《な》も　ない　草を　つむ。

④ □《もん》くを　いう。

⑤ すう□《じ》を　こたえる。

⑥ □《めい》□《じん》と　よばれて　いる。

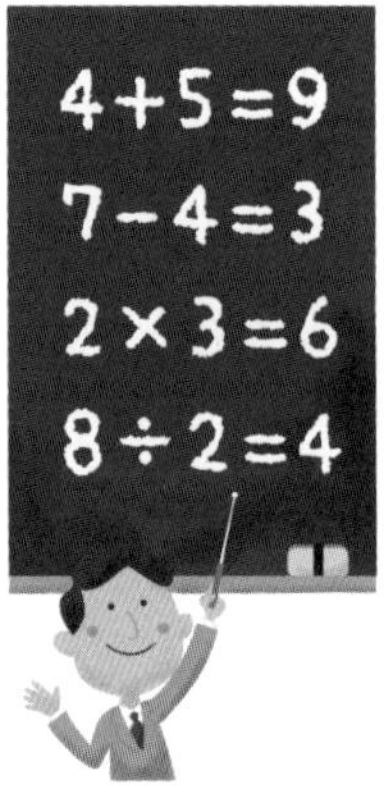

かん字を よもう

車・糸・本

シール

せいかい 7もん中 もん ごうかく 6もん

① 車が はしる。［　　］

② ふるい 糸車。［　　］

③ 赤《あか》い じてん車。［　　］

④ け糸を あむ。［　　］

⑤ せい糸こうじょうで はたらく。［　　］

⑥ まつの 木が 本から かれる。［　　］

⑦ え本を よむ。［　　］

チェックポイント

「本」は、「木」と まちがえないように かきかたに ちゅういしましょう。

わすれない

こたえは78ページ

LESSON 48

かん字をかこう

シール

せいかい
6もん中
もん
ごうかく《ごうかく》
5もん
月
日

①川が□《さん》□《ぼん》に わかれる。

②はりと□《いと》。

③きかいの は□《ぐるま》を まわす。

④□《ほん》やへ いく。

⑤めん□《し》で おった ぬの。

⑥こなを ひく □《すい》□《しゃ》の 音《おと》。

まとめテスト ⑪

シール

せいかい
10もん中
もん　ごうかく 8もん

1 つぎの ——の よみかたを かきましょう。

① 王の 間《ま》の 玉ざに すわる。
［　　　］［　　　］

② 正じきな 気《き》もちを 文に かく。
［　　　］［　　　］

③ 正しい 字を おそわる。
［　　　］［　　　］

2 つぎの かん字を かきましょう。

① ふう□《しゃ》づくりの □□《めいじん》。

② □《いと》でんわで はなす。

③ □《ほん》を よみおわる。

こたえは78ページ

LESSON 50

まとめテスト ⑫

シール

せいかい
10もん中

月　日

もん／ごうかく 8もん

1 つぎの ─の よみかたを かきましょう。

① くにの 手本と なる 王。
[　　] [　　]

② 本の かん字を まねて かく。
[　　] [　　]

③ 名の しられた せい糸こうじょう。
[　　] [　　]

2 つぎの かん字を かきましょう。

① □《せい》もんから □《くるま》が 入る。

② 大きな □□《めだま》の 金ぎょ。

③ じゅ□《もん》を となえる。

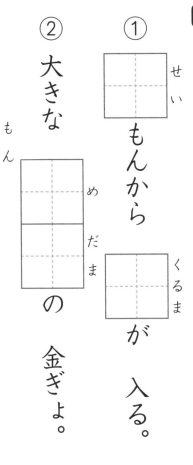

かん字を よもう

女・男・気

シール

せいかい 7もん中 もん ごうかく 6もん

① おさない 女の子。

② 女子の ようふく。

③ せの たかい 男の子。

④ 男子の ぼうし。

⑤ ちょう男。

⑥ げん気が いい。

⑦ 人の 気はい。

⑤の「ちょう男」は，きょうだいの 中で いちばん 上の 男の子の ことだよ。

チェックポイント

「女」と「気」の まげる ところに ちゅういしましょう。

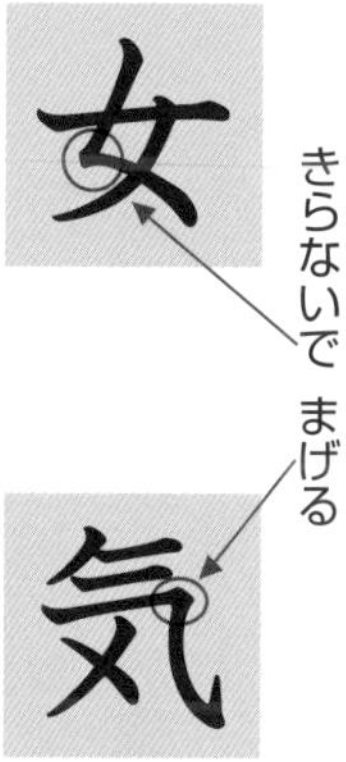

こたえは79ページ

LESSON 52

かん字をかこう

シール

せいかい 6もん中

もん ごうかく 5もん

月 日

① □《おとこ》らしい　たいど。

② □《おんな》ばかりの　三人かぞく。

③ あしたの　□□《てんき》。

④ 七さいの　しょう□《じょ》。

⑤ □《だん》せいようの　トイレ。

⑥ 火の　□《け》の　ない　へや。

かん字を よもう

白・赤・青

シール

せいかい 7もん中 もん ごうかく6もん

① まっ白な 花。［　　　］

② 白玉だんご。［　　　］

③ 白ちょうが とんで いく。［　　　］

④ 赤い ばらの 花。［　　　］

⑤ 赤めんする。［　　　］

⑥ 青い えのぐ。［　　　］

⑦ あかるい 青年《ねん》。［　　　］

チェックポイント

「赤」と「青」の よこぼうの かずに ちゅういしましょう。

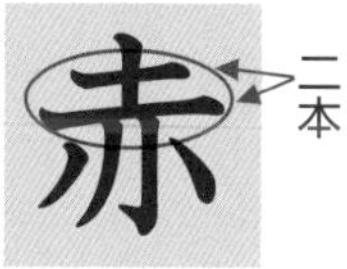

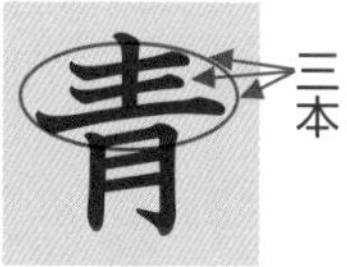

こたえは79ページ

LESSON 54

かん字をかこう

シール

せいかい 6もん中　もん　ごうかく5もん　月　日

①しんごうが　□《あお》に　かわる。

②□《はく》ばに　のって　はしる。

③おいわいに　□《せき》はんを　たく。

④□《しろ》と　くろの　もよう。

⑤かおが　（　　）《あかい》。

⑥町《まち》の　□《せい》年《ねん》が　あつまる。

かん字を よもう

夕・雨・空

シール

せいかい 8もん中 　もん　ごうかく 6もん

［　　　　］
① 夕がたに なる。

［　　　　］
② 大雨が ふる。

［　　　　］
③ 雨やどり。

［　　　　］
④ 雨天じゅんえん。

［　　　　］
⑤ まっ青《さお》な 空。

［　　　　］
⑥ せきが 空く。

［　　　　］
⑦ 空ばこを かたづける。

［　　　　］
⑧ きれいな 空気を すう。

チェックポイント

「雨」は、雨が 天から ふる ようすを あらわした かん字です。

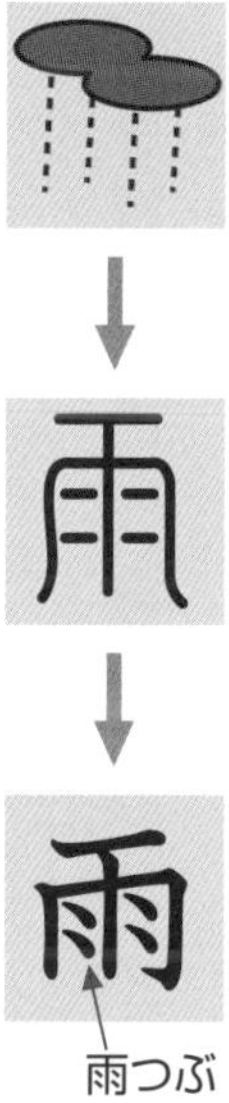

こたえは79ページ

LESSON 56

かん字をかこう

シール

せいかい
6もん中

月　日

もん ごうかく5もん

①きれいな□《ゆう》□《ひ》。

②しとしとと□《あめ》が　ふる。

③□《くう》こうに　ひこうきが　つく。

④はげしい□《ゆう》立《だち》。

⑤すわる　ばしょを（　　）《あける》。

⑥一か月の□《う》りょう。

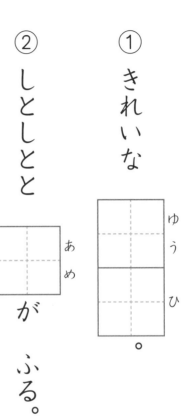

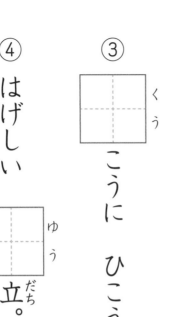

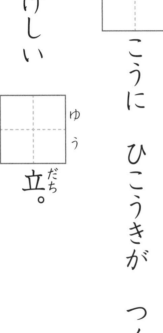

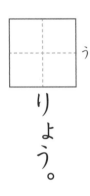

かん字を よもう　出・早・休

シール

せいかい 7もん中　　もん　ごうかく 6もん

① 月が 出る。［　　］

② 大ごえを 出す。［　　］

③ バスが 出ぱつする。［　　］

④ まいあさ 早く おきる。［　　］

⑤ 早ちょうから れんしゅうする。［　　］

⑥ 休みを とる。［　　］

⑦ 休日の よてい。［　　］

チェックポイント

「出」と「入」は、はんたいの いみの かん字です。

出 ↔ 入

こたえは79ページ

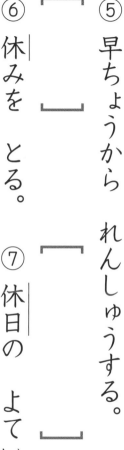

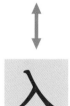

LESSON 58

かん字をかこう

①　□《きゅう》けいの　じかん。

②　あしたは　□《はや》おきを　する。

③　まどから　かおを　（　　）《だす》。

④　学校《がっこう》を　□《そう》たいする。

⑤　からだを　（　　）《やすめる》。

⑥　しあいに　□《しゅつ》じょうする。

シール

せいかい
6もん中

もん／ごうかく《ごうかく》5もん

月　日

まとめテスト ⑬

シール

せいかい
10もん中
もん　ごうかく 8もん

1 つぎの ―の よみかたを かきましょう。

① 赤い［　　］ シャツが にあう 青年《ねん》。［　　］

② 男女の［　　］ ちがいに 気づく。［　　］

③ 夕やけの［　　］ 空を［　　］ 見《み》上《あ》げる。

2 つぎの かん字を かきましょう。

① □□《あめ》 もようの □□《きゅうじつ》。

② パンやの あさは （　　）《はやい》。

③ さいふから お金を （　　）《だす》。

こたえは79ページ

LESSON 60

まとめテスト ⑭

シール

せいかい 10もん中　もん　ごうかく 8もん　月　日

1 つぎの ――の よみかたを かきましょう。

① 赤はんと 白玉だんごを たべる。
［　　］［　　］

② 早ちょうから はげしい ごう雨だ。
［　　］［　　］

③ 青い しるが しみ出る。
［　　］［　　］

2 つぎの かん字を かきましょう。

① 手を（　やすめる　）。

② せきを（　あける　）。

③ □《おんな》の 人と □《おとこ》の 人。

LESSON 61

かん字を よもう

学・校・音

シール

せいかい 7もん中

もん　ごうかく 6もん

①学ぶ　ことが　おおい。［　　］

②中学生の　グループ。［　　］［　　］

③学校へ　いく。［　　］

④休校に　なる。［　　］

⑤ピアノの　音。［　　］

⑥すずの　音いろ。［　　］

⑦音がくの　じかん。［　　］

チェックポイント

「学」と「字」の ◯の かずと かきかたに ちゅういしましょう。

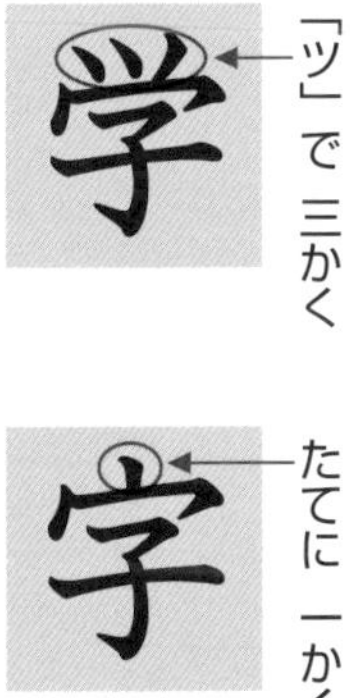

こたえは79ページ

LESSON 62

かん字をかこう

シール

せいかい 6もん中

ごうかく 5もん　もん

月　日

①へんな もの □《おと》が する。

②□《こう》かを うたう。

③か□《がく》てきな かんがえかた。

④こう□《おん》の きれいな こえ。

⑤□《こう》ていで あそぶ。

⑥大せつな ことを （　　）《まなぶ》。

LESSON 63

かん字を よもう

年・見・立・先

シール

せいかい 7もん中 もん ごうかく 6もん

① 年の はじめ。 ［　　　］

② 二年生の あに。 ［　　　］

③ 見た とおりに かく。 ［　　　］

④ い見を いう。 ［　　　］

⑤ せきを 立つ。 ［　　　］

⑥ えんぴつの 先。 ［　　　］

⑦ たんにんの 先生。 ［　　　］

チェックポイント

「見」と 「先」の まげる ところに ちゅういしましょう。

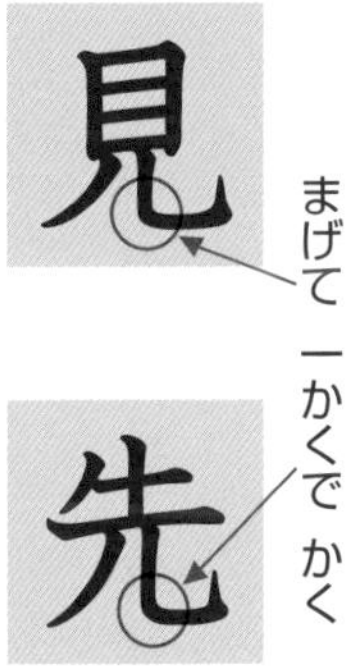

こたえは79ページ

LESSON 64

かん字をかこう

シール

せいかい
6もん中

もん　ごうかく 5もん

月　日

① □□《としうえ》の人。

② けいかくを（　　）《たてる》。

③ おしろを□□《けんがく》する。

④ □□《せんげつ》の十日。

⑤ たかい山が（　　）《みえる》。

⑥ き□《りつ》とちゃくせき。

かん字を よもう

林・森・村・町

シール

せいかい 7もん中

もん ごうかく 6もん

① まつの 林。［　　　］

② 山林に 入る。［　　　］

③ 森の どうぶつ。［　　　］

④ 森林が ひろがる。［　　　］

⑤ 小さな 村。［　　　］

⑥ 村ちょうさん。［　　　］

⑦ 町に 出かける。［　　　］

②と④の よみかたを まちがえないようにね。

チェックポイント

「きへん」は、木に かんけいが ある ことを あらわします。

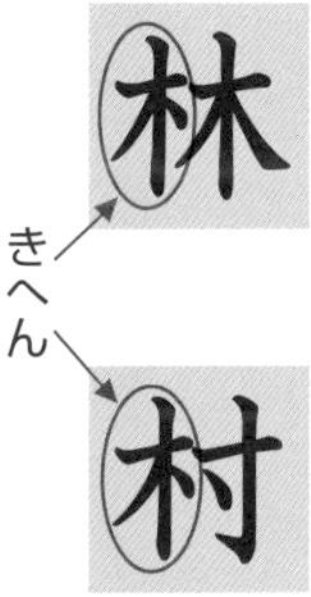

こたえは 80 ページ

LESSON 66

かん字をかこう

① しずかな □《もり》。

② となり□《まち》に ひっこす。

③ □□《むらびと》に 出あう。

④ ぞう木□《ばやし》を のんびり あるく。

⑤ あたらしい □《ちょう》ちょうさん。

⑥ □□《ちくりん》の 中に 入る。

シール

せいかい 6もん中

もん　ごうかく 5もん

月　日

LESSON 67

まとめテスト ⑮

シール

せいかい 10もん中

もん　ごうかく 8もん

1 つぎの ――の よみかたを かきましょう。

① 音[　　]がくの 学校[　　]へ かよう。

② れつの 先[　　]とうに 立[　　]つ。

③ 一年中[　　]にわの 花[　　]が 見[　　]られる。

2 つぎの かん字を かきましょう。

① □《はやし》の 木を きる。

② □《まち》や □《むら》。

③ □《もり》の 中に 入る。

はらう ところと，とめる
ところに ちゅういしよう。

こたえは 80 ページ

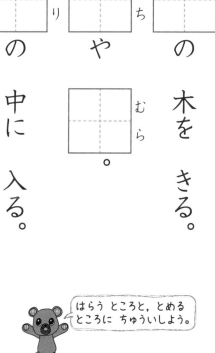

LESSON 68

まとめテスト ⑯

シール

せいかい 10もん中　もん　ごうかく 8もん　月　日

1 つぎの ―の よみかたを かきましょう。

① 森林に かこまれた 山村。
〔　　〕〔　　〕

② 町ちょうに 立こうほする。
〔　　〕〔　　〕

③ 先に がっきの 音を あわせる。
〔　　〕〔　　〕

2 つぎの かん字を かきましょう。

① □《けん》ぶつ人が ふえる。

② ことばを （　　）《まなぶ》。

③ □《こう》ちょう先生は □□《としおとこ》だ。

LESSON 69

しあげテスト ①

シール

せいかい
10もん中

もん　ごうかく 8もん

1 つぎの ――の よみかたを かきましょう。

① 早おきして 本を よむ。
[　　][　　]

② 竹を しっかりと 糸で むすぶ。
[　　][　　]

③ 白い はこに 金の リボン。
[　　][　　]

2 つぎの かん字を かきましょう。

① □《した》じきを つかう。

② □《ゆう》やけで 空が （　　）《あかい》。

③ □《か》よう日の ならいごと。

こたえは80ページ

LESSON 70

しあげテスト ②

シール

せいかい
10もん中

月　日

もん ごうかく8もん

1 つぎの ―― の よみかたを かきましょう。

① 男女［　　］ あわせて 百人［　　］ いる。

② よく はれた 青空［　　］を 見上［　　］げる。

③ 校［　　］しゃの うらに 山［　　］が ある。

2 つぎの かんじを かきましょう。

① □□《しんりん》の □《き》を きる。

② しごとを （　　《やすむ》）。

③ きれいな □《じ》を かく。

しあげテスト③

シール

せいかい 10もん中　　もん　ごうかく 8もん

1 つぎの ――の よみかたを かきましょう。

① 入じょうは 九じからだ。
［　　　］［　　　］

② めずらしい 貝の 名まえ。
［　　　］［　　　］

③ 六つの し町村が あつまる。
［　　　］［　　　］

2 つぎの かん字を かきましょう。

① □□《がくりょく》を しらべる。

② えの □《ひだり》に □《ぶん》を かく。

③ わる□《くち》を いわない。

こたえは80ページ

LESSON 72

しあげテスト ④

シール

せいかい
10もん中

もん／ごうかく 8もん

月　日

1 つぎの ―― の よみかたを かきましょう。

① 花びらが 大きい。

[　　] [　　]

② 小がたの 犬を かう。

[　　] [　　]

③ 子どもたちが 田うえを する。

[　　] [　　]

2 つぎの かん字を かきましょう。

① □《いし》けりを して あそぶ。

② □□《あまみず》を ためる。

③ □《ひ》の □《で》の じかん。

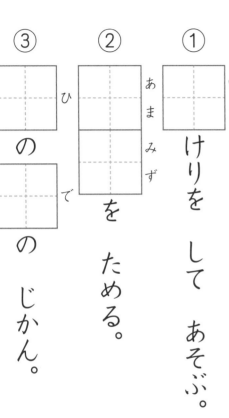

しあげテスト ⑤

シール

せいかい 10もん中

もん／ごうかく 8もん

1 つぎの ——の よみかたを かきましょう。

① 足音［　　］に そっと 耳［　　］を すませる。

② れつの 先とう［　　］に 立［　　］つ。

③ じてん車［　　］の かごの 中［　　］。

2 つぎの かん字を かきましょう。

① □《め》あてを （　　）《ふたつ》 きめる。

② □《おう》さまと けらい。

③ （　　）《いき》ものを そだてる。

こたえは80ページ

LESSON 74

しあげテスト⑥

シール

せいかい 10もん中 もん ごうかく8もん 月 日

1 つぎの ——の よみかたを かきましょう。

① 右まわりに 円を えがく。
[　　] [　　]

② お正月に お年玉を もらう。
[　　] [　　]

③ 川ぞいの 土手。
[　　] [　　]

2 つぎの かん字を かきましょう。

① □《むし》かごに □《くさ》を 入れる。

② □□《てんき》よほうを 見る。

③ □《じっ》かいだての マンション。

こたえ

①
①ひと ②いち ③ふた ④に
⑤みっ ⑥み ⑦さん

②
①三 ②二つ ③三 ④一
⑤二 ⑥一つ

③
①よっ ②よん ③し ④いつ
⑤ご ⑥むっ ⑦むい ⑧ろく

④
①四 ②六つ ③五 ④六 ⑤五
⑥四

アドバイス ①⑥「四」は、**四画目**をしっかり曲げます。

⑤
①なの ②しち(なな) ③やっ
④よう ⑤はち ⑥ここの
⑦きゅう ⑧く

アドバイス 「七」「八」「九」は読み方がたくさんあるので、きちんと区別して覚えます。

⑥
①九 ②八つ ③七 ④九
⑤七五三 ⑥八

⑦
①とお ②じゅう ③と
④じっ(じゅっ) ⑤ひゃく ⑥ち
⑦せん

アドバイス ③「十人十色」とは、性格や考え方などが人によってみな違うことです。

⑧
①百 ②十 ③千 ④十 ⑤千
⑥百

⑨
1 ①ふた・よっ ②み・しち(なな)
③きゅう・いち
2 ①五千 ②六つ ③八・十

アドバイス **2**② 「六つ」は、「六っつ」としないように注意します。

⑩
1 ①ひゃく・に ②やっ・いつ
③じゅう・なな(しち)
2 ①三 ②四 ③九・六

アドバイス **数を表す漢字**です。一緒に数えながら書いて、覚えます。数えるものによって、数の単位が違い、あとにつく言葉によって漢数字の読み方も変わるので、注意します。

⑪
①ちい ②こ ③しょう ④おお
⑤だい ⑥ちから ⑦りょく
⑧りき

アドバイス ①②④「小」「大」は、**大きさを表す漢字**です。漢字一字で反対の意味を表すだけでなく、熟語でも反対の意味になります。「小玉」「大玉」のように。⑧「力」には「りき」という読み方もあるので注意します。

⑫
①大 ②小 ③力 ④小
⑤大きい ⑥力

アドバイス ③⑥「力」は**二画目**を上につき出すことに注意します。

⑬
①うえ ②じょう ③なか
④ちゅう ⑤した ⑥お ⑦か
⑧げ

アドバイス **位置関係を表す漢字**です。③④「中」は、「大」「小」とともに、大きさを表すときにも使います。位置でも大きさでも、中間という意味です。「上・中・下」「大・中・小」と覚えるとよいでしょう。

⑭ ①中 ②上げる ③下る ④中
⑤上る ⑥下げる

アドバイス ③⑥「下」の**三画目**は、「上」とは違い、横棒ではなく**点**になることに注意します。

⑮ ①こ ②し ③ひと ④ごにん
⑤い ⑥はい ⑦にゅう

アドバイス ⑥「入る」には、同じ送りがなの「入る」(いる)もあるので、「入り方」「入り口」など言葉ごとに覚えるとよいでしょう。

⑯ ①人 ②子 ③入れる ④人
⑤子 ⑥入

アドバイス ②⑤「子」は**三画**で書き、二画目ははねます。

⑰ **1** ①しょう・うわ
②ちゅう・おお ③ちから・あ
2 ①子 ②下 ③八人・入

アドバイス **2**③「人」と「入」をきちんと区別して書き分けます。

⑱ **1** ①だい・ひと ②か・はい
③じん・こ
2 ①中・小さい ②力 ③上

⑲ ①やま ②さん ③かわ ④ひ
⑤みっか ⑥じつ ⑦にち

アドバイス **自然を表す漢字**です。三つとも訓読みに送りがながないので、音読みか訓読みかは、文脈から判断できるようにしましょう。

⑳ ①川 ②山 ③日 ④山 ⑤七日
⑥川下

アドバイス ①⑥「川」は、単に縦棒三本ではなく、左側は左へはらい、残りの二本は、右側を長めにするとバランスのよい字になります。

㉑ ①つき ②しちがつ ③げつ
④ひ ⑤か ⑥みず ⑦すい

アドバイス ①～③「月」は「一月先《ひとつきさき》」「一月《いちがつ》五日《いつか》」「二《に》か月《げつ》」のように、「つき」「ガツ」「ゲツ」の読み分けを覚えましょう。

㉒ ①水 ②火 ③月 ④水 ⑤火山
⑥九月

アドバイス ①④「水」は、「亅→才→オ→水」の四画です。縦棒の左側は**一画**ですが、右側は**二画**で書きます。

㉓ ①き ②こ(き) ③もく ④かね
⑤きん ⑥つち ⑦どぼく ⑧と

アドバイス **曜日を表す**場合は、「日・月・火・水」と合わせて七つで一週間です。順番どおりに声に出して唱えると、簡単に覚えることができます。

㉔ ①木 ②土 ③金 ④土 ⑤木
⑥金

アドバイス ③⑥「金」は、「全」にならないように注意します。

㉕ **1** ①やま・つき ②すい・にち
③げつ・かわ
2 ①火力 ②金・土 ③木

㉖ **1** ①き・ひ　②みっか・つち
③もく・かな
2 ①川・水　②山　③六月

㉗ ①め　②もく　③くち　④く
⑤じんこう　⑥みみ　⑦みぎみみ

㉘ ①目　②耳　③口　④耳　⑤目
⑥火口

アドバイス ①⑤「目」や②④「耳」は、横棒の本数を間違えないように注意します。「目」の横棒ははみ出しませんが、「耳」は上下の横棒がはみ出した形です。また、「口」を一筆で書かないように、筆順を確かめておきましょう。

㉙ ①て　②しゅ　③あし　④た
⑤そく　⑥う　⑦は　⑧せい

アドバイス ①～⑤「手」「足」は、**体の部分を表す漢字**です。また、「生」は、⑥「うまれる」⑦「はえる」「いきる」など読み方がたくさんあるので、送りがなをよく確かめて書くようにしましょう。

㉚ ①手足　②生き　③足りない
④手　⑤生　⑥二足

アドバイス ①④「手」の一画目は、右から左に向かってはらいます。真横に書かないように注意します。

㉛ ①みぎ　②う　③ひだり
④みぎひだり　⑤さゆう　⑥まる
⑦いちえん

アドバイス ①～⑤「右」「左」は**方向を表す漢字**です。形が似ているので間違えないように注意します。

㉜ ①円　②右　③左　④右　⑤左
⑥円く

アドバイス ②④「右」と③⑤「左」は同じ部分がありますが、筆順は違います。バランスよく書くために、漢字は筆順もしっかり覚えましょう。

㉝ **1** ①み・しゅ
②もく・いっしょう
③なまみず・くち
2 ①左右　②足・円　③右

㉞ **1** ①みぎ・ひだり　②まる・め
③いっそく・た
2 ①耳　②人口　③生・手

㉟ ①こいぬ　②いぬ　③けん
④むし　⑤むし　⑥ちゅう
⑦かい

アドバイス ①と同じ「こいぬ」という読み方でも、小さい犬の場合は「小犬」と書きます。

㊱ ①貝　②虫　③犬　④虫　⑤貝
⑥犬

アドバイス ③⑥「犬」は最後の**点**がないと別の字になってしまうので、忘れないようにしましょう。

㊲ ①くさ　②そう　③はな
④くさばな　⑤か　⑥たけ
⑦ちく

アドバイス **植物を表す漢字**です。①～⑤「草」「花」のように、漢字には、同じ部分(**部首**)をもつものがあることに気づけるとよいでしょう。この学年では習いませんが、「竹」も、「たけかんむり」として、これから出てきます。

㊳ ①竹　②草　③花　④草　⑤花火　⑥竹

アドバイス ⑤「花火」から落ちるのは「火花」というように、関連づけながら言葉を覚えるようにしましょう。

㊴ ①あま　②てん　③た　④すいでん　⑤いし　⑥せき　⑦しゃく

アドバイス ③④「田」は、田んぼそのままの形が漢字になっています。実際の景色を思い浮かべながら、筆順にも気をつけて覚えましょう。

㊵ ①田　②小石　③天　④田　⑤天　⑥石

アドバイス ③⑤「天」の横棒は、**上を少し長め**に書きます。

㊶ **1** ①たけ・せいか　②いぬ・むし　③そう・ちゅう

2 ①水田　②貝・石　③天

アドバイス **2**②「石」は「右」と形が似ているので、書き間違えないように注意します。

㊷ **1** ①てん・しゃく　②ちく・けん　③いし・かい

2 ①草・花　②虫　③田

㊸ ①おう　②みずたま　③ぎょく　④ただ　⑤まさ　⑥しょう　⑦せい

アドバイス ⑤「正」は、「まさ」という読み方に注意します。

㊹ ①玉　②王　③正す　④王子　⑤目玉　⑥正月

アドバイス 形が似ている漢字です。特に、「王」と「玉」は、点一つの違いなので、間違えないように注意します。③⑥「正」は、ほかの二字との形の違いをよく確かめておきましょう。

㊺ ①ぶん　②てんもん　③よじ　④じ　⑤な　⑥めい　⑦だいみょう

アドバイス ①②「文」は、「文字」のように「文」=「も」と読む場合もあります。日常的によく使われる言葉なので、覚えておきましょう。

㊻ ①字　②文　③名　④文　⑤字　⑥名人

アドバイス ③⑥「名」は、「夕」と「口」が組み合わさった漢字です。組み合わせる位置に注意して覚えます。

㊼ ①くるま　②いとぐるま　③しゃ　④いと　⑤し　⑥もと　⑦ほん

㊽ ①三本　②糸　③車　④本　⑤糸　⑥水車

アドバイス ②⑤「糸」は、「く→幺→幺→糸→糸→糸」のように**六画**で書きます。

㊾ **1** ①おう・ぎょく　②しょう・ぶん　③ただ・じ

2 ①車・名人　②糸　③本

㊿ **1** ①てほん・おう　②ほん・じ　③な・し

2 ①正・車　②目玉　③文

51 ①おんな ②じょし ③おとこ ④だんし ⑤なん ⑥き ⑦け

アドバイス 「上」「下」は反対の意味の言葉ですが、①~⑤「女」「男」は必ずしも反対とは言えず、対になっており、「上下」「男女」のように熟語になります。⑥⑦「気」は、熟語によって、「キ」か「ケ」のどちらの読みかを判断します。

52 ①男 ②女 ③天気 ④女 ⑤男 ⑥気

アドバイス 女の忍者を「くのいち」と言うのは、②④「女」という字の書き方が「く」「ノ」「一」の順だからです。このように筆順を覚えましょう。

53 ①しろ ②しらたま ③はく ④あか ⑤せき ⑥あお ⑦せい

アドバイス **色を表す漢字**です。「白」は②「しらたま」のように、熟語によっては「しら」と読む場合があります。

54 ①青 ②白 ③赤 ④白 ⑤赤い ⑥青

アドバイス ②④「白」の**一画目**はまっすぐ立てるのでなく、左へはらうことに注意します。

55 ①ゆう ②おおあめ ③あま ④うてん ⑤そら ⑥あ ⑦から ⑧くうき

アドバイス ③「雨」は「あま」、⑦「空」は「から」と読むことに注意します。

56 ①夕日 ②雨 ③空 ④夕 ⑤空ける ⑥雨

アドバイス ②⑥「雨」の**点**の向きに注意します。

57 ①で ②だ ③しゅっ ④はや ⑤そう ⑥やす ⑦きゅうじつ

アドバイス ①②「出」は送りがなをよく確かめて、「でる」「だす」をきちんと読み分けます。

58 ①休 ②早 ③出す ④早 ⑤休める ⑥出

アドバイス ③⑥「出」は、「山」が二つではなく、縦棒は一本でひとつながりになっています。筆順にも注意して覚えます。

59 **1** ①あか・せい ②だんじょ・き ③ゆう・そら
2 ①雨・休日 ②早い ③出す

60 **1** ①せき・しらたま ②そう・う ③あお・で
2 ①休める ②空ける ③女・男

61 ①まな ②ちゅうがくせい ③がっこう ④きゅうこう ⑤おと ⑥ね ⑦おん

アドバイス 学校生活の中で、よく見かける漢字です。科目の漢字などは、この学年で習わなくても、興味をもったタイミングで覚えてしまうとよいでしょう。

62 ①音 ②校 ③学 ④音 ⑤校 ⑥学ぶ

63 ①とし ②にねんせい ③み ④けん ⑤た ⑥さき ⑦せんせい

アドバイス **時を表す漢字**です。①②「年」は「月」「日」とともに、一年が十二か月、ひと月が三十日か三十一日、二月だけ二十八日か二十九日、といった知識も、一緒に身につけておくとよいでしょう。

64 ①年上　②立てる　③見学
④先月　⑤見える　⑥立

アドバイス ①④「年」の最後の縦棒は上につき出さず、④「先」の三画目の縦棒は上につき出します。形に注意して覚えましょう。

65 ①はやし　②さんりん　③もり
④しんりん　⑤むら　⑥そん
⑦まち

アドバイス 自然や環境を表す漢字です。①～④「林」「森」は、意味と木の数を関連づけて覚えましょう。この学年ではまだ部首を習いませんが、「林」「森」「村」には、「木」という字が共通して入っていることに気づけるとよいでしょう。「村」や「町」は、住所などに書かれていないか探してみるのもよいでしょう。

66 ①森　②町　③村人　④林　⑤町
⑥竹林

アドバイス ④⑥「林」の四画目は、はらわないように気をつけます。

67 1 ①おん・がっこう　②せん・た
③いちねんじゅう・み
2 ①林　②町・村　③森

68 1 ①しんりん・さんそん
②ちょう・りっ　③さき・おと
2 ①見　②学ぶ　③校・年男

アドバイス 2③「年男」は、その年の干支と同じ生まれの男性のことです。たくさんの言葉を覚えることは、そこで使われている漢字の意味を知るきっかけにもなります。

69 1 ①はや・ほん　②たけ・いと
③しろ・きん
2 ①下　②夕・赤い　③火

70 1 ①だんじょ・ひゃくにん
②あおぞら・みあ
③こう・やま
2 ①森林・木　②休む　③字

アドバイス 1①「男女」は「男と女」、②「青空」は「青い空」のように、漢字の形だけではなく、意味も考えて熟語を覚えましょう。

71 1 ①にゅう・く　②かい・な
③むっ・ちょうそん
2 ①学力　②左・文　③口

72 1 ①はな・おお　②こ・いぬ
③こ・た
2 ①石　②雨水　③日・出

73 1 ①あしおと・みみ
②せん・た　③しゃ・なか
2 ①目・二つ　②王　③生き

74 1 ①みぎ・えん
②しょうがつ・としだま
③かわ・どて
2 ①虫・草　②天気　③十

アドバイス 1③「土手」は「堤防」のことです。環境によっては知らない場合もあるかもしれないので、川岸に土を盛った部分だと教えるとよいでしょう。